Gonzalo Sanabria A.

Estudios teológicos.

Biblia Reina Valera 1960.

Te invitamos a visitar nuestro sitio web:

ESTUDIOYSERMONES.COM

Te invitamos a conocer todos nuestros libros publicados aquí en:
LIBROS DEL PASTOR GONZALO SANABRIA.

Adquiere nuestras series de sermones para predicar:

Serie: Estudios Bíblicos para predicar.

Serie: Estudios cristianos para enseñar.

Serie: Sermones cristianos para enseñar.

Serie: Sermones para predicar.

Serie: Estudios Bíblicos.

Serie: Bosquejos de la Biblia.

Todos los derechos reservados. Ninguna porción de éste libro podrá ser reproducida, almacenada o transmitida sin autorización expresa del autor. Las citas bíblicas han sido tomadas de la Biblia Versión Reina-Valera de 1960.

Contenido

Introducción

El presente texto "Estudios teológicos" Biblia Reina Valera 1960 está conformado por varios sermones o estudios bíblicos útiles para estudiar y enseñar la palabra de Dios a grupos e iglesias, que el Señor Jesús me ha permitido escribir y publicar en otras ocasiones.

Son estudios debidamente organizados, con alto contenido bíblico, enriquecidos con notas y comentarios que tienen en cuenta el contexto, la cultura, historia, geografía y significado de palabras claves (según sea el caso), y por supuesto, sin dejar de lado las notas prácticas y actuales para nuestra vida diaria.

Este material es una herramienta de apoyo y consulta para predicar y estudiar la palabra de Dios, los estudios bíblicos o sermones están bosquejados de manera sencilla y fácil de usar.

Cada uno de los mensajes cuanta con una introducción, varios puntos principales de exposición bíblica (cada uno con sus respectivas notas y comentarios) y una conclusión.

Este texto de estudios teológicos es el resultado de horas de estudio, investigación y mejoramiento del material que Dios en su bondad me ha enseñado y permitido impartir.

Espero que puedas tenerlo, estudiarlo y que sea en tus manos un instrumento de apoyo y bendición para tu vida y para compartir la palabra del Señor Jesucristo.

Introducción: Muchas dificultades emocionales vive el hijo de Dios, por eso una y otra vez, el Señor a través de su palabra nos llama a confiar en él, y permitir que su paz gobierne nuestro corazón.

Jesucristo el Señor, vino a darnos vida y vida en abundancia; y no podemos ignorar las obras del maligno que procuran estorbar este deseo de Dios para nosotros. Por eso, vamos a estudiar este importante tema.

1) La adoración a Dios es un arma poderosa.

La palabra "angustia" la vemos por ejemplo en el Evangelio de Lucas 2:49, cuando José y María buscaban a Jesús cuando tenía doce años, y al hallarlo le dijo María: "He aquí, tu padre y yo te hemos buscado con angustia". Biblia Reina Valera.

Esta palabra se traduce del término griego "odunao", que además quiere decir: Padecer dolor, estar desesperado. Una situación de esta clase puede llevarnos a tomar malas decisiones, o podemos cometer graves errores.

Un ejemplo de un momento angustioso o crítico, es el que nos narra la Biblia Reina Valera 1960 en el Libro de los Hechos 16:23-25

"Después de haberles azotado mucho, los echaron en la cárcel, mandando al carcelero que los guardase con seguridad. El cual, recibido este mandato, los metió en el calabozo de más adentro, y les aseguro los pies en el cepo. Pero a medianoche, orando Pablo y Silas, cantaban himnos a Dios; y los presos los oían".

El apóstol Pablo y Silas son encarcelados por predicar el evangelio de nuestro Señor Jesucristo. Como nos dice la Biblia, son azotados y encarcelados, además ponen sus pies en el cepo. Fue un momento muy doloroso y difícil; sin embargo, en medio de aquella adversidad decidieron adorar al Señor. Ellos pusieron sus ojos en Cristo, por encima de los problemas, ellos confiaron en el poder y cuidado de Dios.

Mediante aquella adoración sus corazones son fortalecidos, reciben paz y gozo en medio de aquella adversidad; porque eso es lo que hace la adoración, a través de ella nos acercamos a la presencia de Dios y allí somos renovados, y nuestra fe se fortalece para enfrentar y superar todo obstáculo y toda oposición.

Nos dice la Biblia en Hechos 16:26 "Entonces sobrevino de repente un gran terremoto, de tal manera que los cimientos de la cárcel se sacudían; y al instante se abrieron todas las puertas, y las cadenas de todos se soltaron".

Se nos muestra la poderosa respuesta de Dios a la fe y a la adoración de Pablo y Silas, con razón está escrito: "Todo aquel que en él creyere, no será avergonzado", Romanos 10:11. Los cimientos se sacudieron, las puertas que estaban cerradas se abrieron y las cadenas cayeron, esto es lo que produce la adoración a Dios.

(Nota especial: Sí deseas ser informado de nuestros próximos libros y las promociones gratuitas que ofreceremos, y sí aún no lo has hecho, envíanos tu correo electrónico a: contactolibrosgs@gmail.com . Será para nosotros un gusto que formes parte de nuestros contactos).

2) Cuidado con la angustia, el desespero y el suicidio.

La Biblia Reina Valera 1960 nos dice en Hechos 16:27 "Despertando el carcelero, viendo abiertas las puertas de la cárcel, sacó la espada y se iba a matar, pensando que los presos habían huido".

En un momento de desespero o de gran angustia una persona puede cometer locuras. Estos momentos de crisis pueden ser utilizados por el diablo para traer destrucción y muerte.

La angustia puede llegar a generar un dolor emocional insoportable. La liberación de cortisol, hormona del estrés, genera manifestaciones físicas desesperantes.

En este caso en particular, el carcelero de la prisión de Filipos, debido al terremoto se despierta y se da cuenta de que todas las puertas de las celdas están abiertas, y en un momento de desespero y angustia, piensa en matarse, quizá vio el suicidio como una salida a los problemas que se vendrían por su responsabilidad como carcelero.

Ante la angustia o el desespero, ante una depresión o crisis emocional, el diablo puede enviar dardos para hacerle pensar a la persona que dejar de vivir es mejor.

El carcelero, quizá, se vio como un fracasado, quizá tuvo miedo de sus superiores y de la vergüenza pública, no quería vivir un severo juicio, y concluyó desesperadamente que era mejor dejar de vivir.

El suicidio es una solución terrible, es una acción del espíritu de la muerte, es una obra del destructor, de satanás, aquel que vino a matar, hurtar y destruir, aquel quiere que la humanidad se pierda.

El suicidio es una epidemia hoy día, cada año más de 700.000 personas se quitan la vida, y muchas más lo intentan. La tasa de suicido es más elevada en los países de ingresos altos. Todo esto nos recuerda, que el verdadero gozo y la verdadera vida en esta tierra y en la eternidad, está en Jesucristo nuestro Señor, bendito y poderoso salvador.

Es necesario y vital, creer que Dios es bueno, que en su infinito amor envió a su Hijo Jesucristo a morir por nuestros pecados, es fundamental creer y confiar en el amor de Dios y en su cuidado. Los problemas son temporales, la salvación es eterna.

Siempre ten presente: "Somos más que vencedores por medio de aquel que nos amó, por lo cual ni la muerte, ni ángeles, ni potestades, ni principados, ni lo alto, ni lo profundo, ninguna cosa creada nos podrá separar del amor de Dios, que es en Cristo Jesús Señor nuestro" Romanos 8:37-39.

En resumen, para superar la angustia nos enseña la Biblia varias cosas:

a) Alabar a Dios, como hicieron Pablo y Silas en aquella celda.

b) Acercarse a Cristo Jesús, como hizo el carcelero de Filipos. Podemos hacerlo a través de la oración.

c) Estudiar la palabra de Dios, como hicieron el carcelero y su familia. Esto fortalece nuestra fe y esperanza en Dios y en su cuidado.

d) Y finalmente, depositando en las manos de Dios todas nuestras necesidades e inquietudes, el Señor ha prometido cuidar de nosotros.

Debemos evitar la angustia, pues esta afecta no sólo la salud emocional, también la física. Algunas afectaciones en la salud y vida física debido a la angustia son:

Alteración del sueño.
Nauseas.
Agotamiento.
Pérdida de apetito.
Dificultades cardiovasculares.
Diarrea crónica.
Vértigo.
Crisis asmática.
Migrañas.

Definitivamente fortalecer nuestra fe en Dios a través de su palabra, cantar alabanzas al Señor, reflexionar en su bondad expuesta en la Biblia, así como permitir mediante la oración que la paz de Dios llene nuestro corazón, son poderosas herramientas para superar la angustia.

3) ¿Cómo ser libres de la angustia y de la muerte?

Ahora nos dice la Biblia en Hechos 16:28-32 "Pablo calmó a gran voz: No te hagas ningún mal, pues todos estamos aquí. El, pidiendo luz, vino y se postró ante Pablo y Silas, y les dijo: ¿Qué debo hacer para ser salvo? Ellos le dijeron: Cree en el Señor Jesucristo, y serás salvo, tú y tu casa. Y le hablaron la palabra del Señor".

Pablo es figura de aquel que lleva el mensaje de vida y salvación. Debemos ser portadores de las buenas nuevas de Jesucristo, no somos llamados a ser jueces de nadie, más bien debemos procurar la salvación de otros.

La presencia de Dios sobre la vida de Pablo y Silas, llevó a este hombre a reconocer que sobre ellos reposaba el poder del Señor.

El carcelero temblaba, necesitaba respuestas y ayuda; él vivía, seguramente, en la idolatría griega, pero ahora el verdadero poder de Dios lo habría impactado, y por eso en el versículo treinta, pregunta:

¿Qué debo hacer para ser salvo?

Esa pregunta tan específica y puntual, me hace pensar, que seguramente él había escuchado el mensaje de Pablo y Silas en algún momento, pero no había querido creer; pero ahora, ante aquella crisis, y ante aquel milagro, pregunta cómo alcanzar la salvación que ellos predicaban.

La respuesta del apóstol Pablo fue también concreta, creer en el Señor Jesucristo, y como resultado de su decisión y fe, también su familia se acercaría a Cristo.

Es Jesucristo quien nos da salvación, vida eterna, con su poder él rompe las cadenas de aflicción, abre las puertas de toda cárcel espiritual, y derriba los cimientos de toda estructura demoniaca que ha atormentado nuestra vida y nuestra familia.

Debemos destacar también, lo que nos dice el versículo 32, pues Pablo y Silas hablaron a ellos la palabra del Señor; esta es como una poderosa espada que rompe los poderes del reino de las tinieblas, y alimenta nuestra vida en Cristo Jesús. Donde hay angustia y muerte, Cristo trae liberación, salvación y vida eterna.

4) Jesucristo transformó un posible funeral, en un alegre banquete.

Nos dice la Biblia Reina Valera en Hechos 16:33-34 "Y él tomándolos en aquella hora de la noche, les lavó las heridas; y en seguida se bautizó él con todos los suyos. Y llevándolos a su casa, les puso la mesa; y se regocijo con toda su casa de haber creído a Dios".

La casa del carcelero, lugar que pudo haberse convertido en la casa del funeral de él, ahora hay sanidad para las heridas de Pablo y Silas, hay bautizados por la fe en Cristo Jesús, y hay un banquete en el que el carcelero con toda su familia, tienen regocijo.

Podemos recordar aquí, también aquella ocasión en que Jesús llegó a la casa de Jairo, todos los que estaban allí lloraban y hacían lamentación porque la hija de Jairo había muerto. Todos se burlaban de Jesús, porque decía: "Ella no está muerta, ella duerme".

Más el Señor, tomándola de la mano, le dijo: "Muchacha, levántate", y su espíritu volvió, y ella se levantó inmediatamente.

Para Dios todo es posible, el pude transformar la casa donde hay ruina y enfermedad, en un lugar de bendición y sanidad. Cristo puede transformar la casa donde hay muerte y caos, en un lugar de vida y salvación; nada es difícil para él.

Debemos fortalecer nuestra fe en la palabra de Dios, y no dejar de invocar el nombre del Señor y clamar a él, con razón nos dice la Escritura: "A Jehová clamé estando en angustia, y él me respondió", Salmo 102:1.

Conclusión: Hubo un momento en el que el carcelero pensó que todo había terminado, que hasta allí había llegado su vida, que de aquel fracaso no podía levantarse; pero, Dios es bueno y todopoderoso, él transforma nuestras circunstancias y nos permite ver su amor y cuidado sobre nuestra vida.

Tema 2: El gigante que estuvo a punto de matar a David.

Introducción: Es muy conocida la victoria que logró el joven David sobre el gigante Goliat, quizá es una de las batallas más populares en toda la historia de la humanidad.

A partir de aquel momento, los ojos de Israel estuvieron sobre David hasta que llegó al trono de la nación, y contó con un poderoso respaldo de Dios. Pero, David también enfrentó momentos difíciles.

1) Los enemigos filisteos.

Nos dice la Biblia Reina Valera 1960 en el 2 libro de Samuel 21:15 "Volvieron los filisteos a hacer la guerra a Israel, y descendió David y sus siervos con él, y pelearon con los filisteos; y David se cansó".

En primer lugar, debemos tener en cuenta que el pueblo filisteo eran habitantes anteriores a los hebreos en tierras cananeas. Su principal actividad era la pesca, por eso, su dios Dagón, era mitad hombre y mitad pez. Un pueblo de costumbres paganas, y enemigo del pueblo hebreo.

La palabra "filisteo" muestra su amor por sus dioses: Dagón, Baal-zebub, y Astarté. Habitantes de la orilla del Mar Mediterráneo, conocida históricamente como Fenicia. Su éxito militar se debía al secreto conocimiento y monopolio de la fundición del hierro (armas, herramientas, etc).

Sus ciudades fueron: Gaza, Asdod, Ascalón, Ecrón y Gat. Recordemos que de esta última ciudad, Gat, era el gigante filisteo que David derrotó inicialmente, por eso la Biblia lo presenta como: Goliat de Gat. También, Dalila era filistea.

Etimológicamente, la palabra "filisteo" proviene del hebreo "pilistim", y del griego "Philistenoi", precedentes del término "palestino", opositores del pueblo hebreo hoy día.

Considerando, lo que nos dice 2 Samuel 21:15, el enemigo pueblo filisteo atacaba periódicamente a Israel, y esta fue una ocasión más. David reinaba y viene con sus soldados y oficiales a hacerle frente al enemigo.

Debemos destacar una frase muy importante de este versículo: "y David se cansó". Las batallas exigen mucho esfuerzo de los soldados, hasta agotarse; el rey David se cansó, sus fuerzas menguaron notablemente, y esto sin duda, lo hacía más vulnerable.

La Biblia nos advierte diciendo que no podemos ignorar los planes del enemigo; el reino de las tinieblas procura a través de muchas estrategias agotar al hijo de Dios, lo que le quita eficacia en su servicio al Señor, fuerza para avanzar, y lo hace débil y vulnerable a sus ataques.

Por eso, nuestra comunión con Dios es tan importante, pues allí, somos renovados, fortalecidos, ungidos para avanzar y superar toda oposición y todos los obstáculos propios del camino de la fe.

2) Cuidado con el gigante Isbi-benob.

2 Samuel 21:16 "E Isbi-benob, uno de los descendientes de los gigantes, cuya lanza pesaba trescientos siclos de bronce, y quien estaba ceñido con una espada nueva, trató de matar a David". Biblia Reina Valera 1960.

Nos dice la Escritura ahora, que un descendiente de los gigantes, trató de matar a David. Es interesante, que él no vino al principio de la batalla, sino cuando David estaba cansado. Entonces, agotar al hijo de Dios es una estrategia de batalla antes de intentar su verdadera destrucción.

Debemos también tener en cuenta que él era un descendiente de los gigantes filisteos, y creo, que estaba también motivado por un espíritu de venganza, quizá quería desquitarse de David por la muerte de Goliat.

A veces, el enemigo pone semillas de odio en otras personas contra nosotros, a lo cual debemos responder con una perspectiva espiritual, pues no tenemos lucha contra carne ni sangre, sino contra espíritus inmundos.

Este gigante, podemos verlo como aquel enemigo que agota y desgasta al cristiano antes de atacarlo con fuerza. Su nombre Isbi-benob, también quiere decir: el que toma cautivo. Una persona agotada es fácil de llevar cautiva o prisionera.

Con una lanza y una espada nueva trató de matar a David. Es muy interesante, que la palabra hebrea que se traduce aquí como "trató" sea "amar", palabra que además significa: hablar, decir, ordenar. Pues, es un significado que nos permite pensar por lo menos dos cosas:

Primero, que este gigante no actuó sólo, sino que habló con otros para agotar y desgastar a David ante de atacarlo, pues él sabía que Goliat había muerto por mano de David.

Y segundo, que hablar y decir son acciones en las cuales expresamos palabras que llevan un mensaje. Recordemos que, la Biblia nos advierte acerca de los dardos de fuego del maligno, que son palabras y mensajes del diablo que vienen contra la mente para atacar nuestra fe en Cristo Jesús.

Sí al agotamiento, tú le sumas la duda y la incertidumbre, tendrás un soldado cansado y con temor, sin fuerzas y con miedo para avanzar y pelear. Un soldado que fácilmente huirá ante el primer grito de batalla.

Isbi-benob viene con toda la intención de matar al rey de Israel. David es un nombre que significa: amado. Representa: alabanza, David es ancestro de Jesús, de su descendencia saldría nuestro Salvador, Jesucristo el Señor.

En un sentido espiritual, podemos decir que este gigante procura destruir la alabanza y el amor por Dios, procura también destruir la simiente o descendencia de Dios. Nuestros hijos son descendencia para los planes del Señor en esta tierra, y por eso debemos instruirlos en el temor de Dios y cubrirlos en oración.

3) La caída del gigante.

2 Samuel 21:17 "Mas Abisai hijo de Sarvia llegó en su ayuda, e hirió al filisteo y lo mató. Entonces los hombres de David le juraron, diciendo: Nunca más de aquí en adelante saldrás con nosotros a la batalla, no sea que apagues la lámpara de Israel". Biblia Reina Valera 1960.

Este versículo nos recuerda que Dios nunca nos desampara, su mano poderosa nos preserva de acuerdo a sus planes y propósitos. David estaba a punto de morir a manos de este gigante, pero aquel no era el momento de David para partir a la presencia de Dios.

La palabra del Señor, nos dice que justo en aquel momento, llegó para ayudar a David, Abisai, hijo de Sarvia; quien hirió al gigante y lo mató. El nombre "Abisai" significa: Mi Padre Dios existe. Nos recuerda esto, que nuestro Dios Padre nunca nos desampara ni abandona.

Abisai representa la mano de Dios que nos ayuda en un momento de crisis mortal, aquellos momentos en los que nos encontramos incapaces y sin fuerzas, agotados y sin soluciones. Es la ayuda de Dios que llega, no sólo en el momento preciso, sino con todo el poder para derribar al gigante que se levanta y nos quiere detener.

Hablamos de aquel gigante que quiere usurpar lo que Dios nos ha dado, que desea tomar las bendiciones que el Señor nos ha entregado, y procura impedir que disfrutemos la herencia que en Cristo tenemos.

Debemos tener en cuenta, que los filisteos eran vecinos de Israel, y venían a hacer guerra contra los hebreos para hacerlos retroceder y despojarlos de la tierra que Dios les había prometido, de la tierra de la bendición, tierra que fluye leche y miel.

Pero, Dios había dado una palabra a su pueblo: "Yo les entregó la tierra que fluye leche y miel"; y no hay enemigo, ni gigante, ni poder en esta tierra, ni en el universo entero que pueda detener la voluntad de Dios, y todo lo que él ha dicho se cumplirá, y todo gigante caerá y todo obstáculo desaparecerá, porque con nosotros está Jehová de los ejércitos.

En la parte final del versículo 17 se nos dice que los soldados de David le dijeron: "No saldrás más a la batalla con nosotros, no sea que apagues la lámpara de Israel". Para la nación hebrea, David era una luz o lámpara de Dios en esta tierra.

Recordemos que Jesús también dijo: "vosotros sois la luz del mundo". Las lámparas de aquel tiempo no podían funcionar sin aceite, el fuego necesita aceite; es interesante que ambos, el fuego y el aceite en la Biblia, son símbolos del Espíritu Santo. Con razón, Pablo dijo: "Más bien sed llenos del Espíritu".

Necesitamos ser avivados por el fuego del Espíritu Santo, ser ungidos con el aceite del Espíritu de Dios; por eso, el Señor envió su Espíritu a nuestra vida. No nos ha dado Dios espíritu de cobardía sino de poder, amor y dominio, propio;

por él y en Cristo podemos avanzar y vencer, y si algún gigante se ha levantado en tu vida, recuerda, era hijo de Dios y el Padre celestial está de tu lado, y el enemigo caerá en el nombre de Jesús.

Debemos finalmente tener presente que el Señor Jesús nos ha dado autoridad sobre nuestros enemigos, y en su nombre podemos superar a todo gigante que se levante contra nosotros y que quiera detener nuestro avance:

Lucas 10:19 "He aquí os doy potestad de hollar serpientes y escorpiones, y sobre toda fuerza del enemigo, y nada os dañará".

Notemos que nos dice este pasaje: "y sobre toda fuerza del enemigo", entendiendo por enemigo a todo aquel o aquello que se opone y se levanta contra los propósitos de Dios para nuestra vida.

Conclusión: No podemos ignorar los planes y maquinaciones del enemigo; gracias a Dios, hemos sido equipados para superar todo obstáculo, y derribar todo gigante en el nombre del Señor Jesucristo. Avanza, confía en Dios, él te ha preparado poderosas victorias y grandes conquistas.

Tema 3: Jesús camina sobre las aguas.

Introducción: Mientras estuvo en esta tierra, el Señor Jesús realizó grandes y maravillosos milagros, y uno de aquellos milagros, fue el caminar sobre las aguas del mar de Galilea, y después de calmar la tormenta, enseñó a sus discípulos la importancia de la fe en el poder y cuidado de Dios.

La vida cristiana o vida de fe es un camino en el que enfrentamos diversos desafíos y pruebas, y por supuesto contamos con la ayuda de Dios. Por eso, es muy importante ver aquellos momentos complicados como oportunidades para madurar en Cristo y crecer en nuestra fe.

1) Hacer la voluntad de Dios no significa ausencia de obstáculos.

Nos dice la Biblia Reina Valera 1960 en el evangelio de Mateo 14:22-24 "En seguida Jesús hizo a sus discípulos entrar en la barca e ir delante de él a la otra ribera, entre tanto que él despedía a la multitud. Despedida la multitud, subió al monte a orar aparte; y cuando llegó la noche, estaba allí solo. Y ya la barca estaba en medio del mar, azotada por las olas; porque el viento era contrario".

Después de un día maravilloso al lado de su Maestro, los discípulos emprenden un viaje al otro lado del Mar de Galilea, por dirección del Señor Jesús. Una vez el Señor despide a la multitud que había venido, sube al monte a orar.

Estuvo allí hasta cuando llegó la noche, de modo, que durante algunas horas el Señor estuvo allí orando. Jesús no sólo oraba antes de sus campañas evangelísticas, también lo hacía al terminar; asunto que nos recuerda la importancia de una continua comunión con Dios.

Los discípulos, siguiendo la dirección del Señor, viajaban en una barca hacia Genesaret. Sin embargo, el versículo veinticuatro nos dice que la barca en medio del mar era azotada por las olas, porque le viento era contrario.

Aquel mar embravecido y el viento en contra, nos hacen pensar en aquellos obstáculos que aparecen en nuestro caminar hacia la voluntad de Dios. Algunas veces la oposición viene directamente del diablo; en otras ocasiones, es nuestro Dios quien permite o genera la prueba de nuestra fe.

Somos nosotros quienes decidimos cómo enfrentamos la adversidad o prueba. Podemos enojarnos, deprimirnos, llorar con lamento, o levantar nuestra alabanza al Señor y orar confiando en su ayuda y cuidado.

Al observar la Biblia, podemos ver casos como el de Daniel quien confió en Dios aunque estaba en el foso de los leones; Elías confió en la provisión de Dios, aunque estaba en la casa de la viuda y en medio de una profunda sequía; Jesús confió en que el padre celestial al tercer día lo levantaría de los muertos, y se levantó en victoria sobre el Hades y sobre la muerte; todo aquel que confía en Dios nunca será avergonzado.

2) Cristo se manifiesta en el momento perfecto.

Mateo 14:25-27 "Más a la cuarta vigilia de la noche, Jesús vino a ellos andando sobre el mar. Y los discípulos, viéndole andar sobre el mar, se turbaron diciendo: Un fantasma. Y dieron voces de miedo. Pero en seguida Jesús les habló, diciendo: Tened ánimo, yo soy, no temáis". Biblia Reina Valera 1960.

Teniendo en cuenta que salieron al atardecer, viajaron durante la noche y a la cuarta vigilia de la noche, la cual (según el horario hebreo) va de las tres de la mañana a la seis, el Señor Jesús viene a ellos, y viene de una manera que no habían visto antes, por lo cual se llenaron de miedo, y pensaron que era un fantasma.

Esto nos recuerda y enseña varias cosas importantes:

En primer lugar, que el Señor sabe muy bien en que condición nos encontramos y viene para ayudarnos.

En segundo lugar, el Señor no se tardó en llegar, como algunos lo pudieron pensar, el Señor llegó en el momento perfecto.

Y en tercer lugar, debemos tener nuestra mente abierta a las diferentes manifestaciones de Dios para no limitar su poder sobre nuestras vidas.

Recordemos, que el día hebreo de veinticuatro horas estaba divido en dos partes: la primera parte se llamaba "día" compuesto por doce horas, que iba desde las seis de la mañana hasta las seis de la tarde; y la segunda parte se llamaba "noche", que iba desde la seis de la tarde hasta la seis de la mañana, a su vez la noche estaba divida en cuatro vigilias de tres horas cada una, así:

Primera vigilia: de la seis a las nueve de la noche.
Segunda vigilia: de la nueve a las doce de la noche.
Tercera vigilia: de las doce de la noche a las tres de la mañana.
Cuarta vigilia: de las tres de la mañana a la seis de la mañana.

Jesús llegó a ellos "a la curta vigilia de la noche", es decir, a las tres de la mañana, quizá para algunos discípulos se demoró, pero en realidad, el Señor llega siempre en el momento preciso y perfecto. Cuando era más oscuro, brilló el Cristo de la gloria.

En interesante ver, las palabras del Señor Jesús en aquel momento, pues sus discípulos estaban agotados, asustados y llenos de miedo, y Jesús les dijo: "Tened ánimo, yo soy, no temáis".

En medio de la angustia, cuando el miedo quiere gobernar nuestro corazón, cuando estamos agotados de luchar contra los vientos contrarios, cuando experimentamos impotencia e incertidumbre porque todo lo que nos rodea es difícil y oscuro, podemos confiar en Dios, aquel que dijo: "Tened ánimo, yo soy, no temáis".

3) Lo que logramos por la fe en Dios, por la misma fe se sostiene.

Mateo 14:28-31 "Entonces le respondió Pedro, y dijo: Señor, si eres tú, manda que yo vaya a ti sobre las aguas. Y él dijo: Ven. Y descendiendo Pedro de la barca, andaba sobre las aguas para ir a Jesús.

Pero al ver el fuerte viento, tuvo miedo; y comenzando a hundirse, dio voces, diciendo: Señor, sálvame. Al momento Jesús, extendiendo la mano, asió de él, y le dijo: Hombre de poca fe ¿Por qué dudaste?". Biblia Reina Valera 1960.

Aunque eran sus discípulos y venían de ver poderosos milagros realizados por el Señor, ellos todavía dudaban de que fuera Cristo mismo. Pedro, tomando la iniciativa, pidió al Señor confirmar su identidad, mandando que también él caminará sobre las aguas.

Sin duda alguna, fue una osada, y tal vez atrevida petición. La verdad es que muchas veces nuestras oraciones no son osadas y valientes, pues permitimos que nuestros temores, vacíos y complejos afecten el verdadero nivel de fe que deben llevar nuestras oraciones. El mismo Señor Jesús dijo: "Todo lo que pidiereis orando, creyendo lo recibiréis" Mateo 21:22.

Jesús comprendiendo la humanidad de sus discípulos y la necesidad que tenían, le dijo a Pedro: "Ven". Y sólo esta palabra, sólo una, le concedió a Pedro caminar sobre las aguas del mar de Galilea.

Cuan poderosa es la palabra del Señor, por eso dice Dios: "Mi palabra que sale de mi boca, no volverá a mí vacía, sino que hará lo que yo quiero, y será prosperada en aquello para que le envié", Isaías 55:11.

Nos dice la Biblia, según el versículo treinta que al ver el fuerte viento, Pedro tuvo miedo, y empezó a hundirse; vemos pues, que el miedo es lo opuesto a la fe, mientras que él tuvo fe caminó sobre las aguas, cuando tuvo miedo empezó a hundirse.

El versículo treinta y uno, nos muestra a Jesús respondiendo al clamor de Pedro cuando dijo: "Señor, sálvame", la mano del Señor se extendió y lo levantó. Jesús le dijo: "Hombre de poca fe ¿Por qué dudaste?". La duda puede venir, pero cuando se encuentra con una fe fuerte, no halla espacio donde echar sus raíces.

Aquello que sostenía a Pedro sobre las aguas, era la fe en la palabra que el Señor le había dado. La fe inicial que tenía enfrentó un viento fuerte, y lamentablemente Pedro consintió el miedo en su corazón, y la duda vino sobre él, lo que le hizo perder aquello que había alcanzado.

Lo que viene por la oración, por la oración se sostiene; lo que viene por la fe, por la fe se sostiene. Salomón perdió la abundante prosperidad que tenía; Sansón perdió la fuerza sobrenatural que estaba sobre él; Saúl perdió la corona como rey de Israel; Judas Iscariote perdió el privilegio de ser uno de los doce apóstoles del Cordero, entre otros casos más.

Es muy importante, cuidar y alimentar nuestra fe y comunión con Dios. Debemos no sólo ser conscientes de que es el Señor quien nos bendice, sino que es él quien sostiene todas las cosas con el poder de su palabra. Separados de él nada podemos hacer.

4) Con la ayuda de Jesús, podemos superar todo obstáculo y llegar al destino que él nos ha establecido.

Mateo 14:32-34 "Cuando ellos subieron en la barca, se calmó el viento. Entonces los que estaban en la barca vinieron y le adoraron, diciendo: Verdaderamente eres Hijo de Dios. Y terminada la travesía, vinieron a tierra de Genesaret".

Mateo 14:32. La Biblia nos dice que en el momento en el que el Señor Jesús se subió a la barca, aquellos vientos contrarios se calmaron y el mar entró en una serena quietud. Cuando Jesús va contigo no existe poder, oposición u obstáculo que puede detenerte. La presencia de Dios transforma la peor tormenta en una gran victoria.

Mateo 14:33. Ante aquellos milagros, caminar sobre las aguas y la calma del mar, los discípulos le rindieron adoración al Señor, y le reconocieron como Dios, como el Mesías enviado.

Esto nos recuerda, que con frecuencia sólo ante las tormentas de la vida es que rendimos nuestro corazón a Jesucristo, y sólo así reconocemos que lo necesitamos en nuestra vida. A veces, la dureza de nuestro corazón requiere un mar embravecido para que doblemos nuestras rodillas ante el Señor.

Mateo 14:34. Con Cristo en la barca fue posible terminar la travesía, pues durante su ausencia, los vientos contrarios y el fuerte golpe de las olas no les permitieron avanzar. Siempre el camino será más fácil con Jesús.

Nos dice la Biblia, que llegaron a Genesaret. El nombre "Genesaret" quiere decir: Jardín del príncipe. Jardín de las riquezas.

Ellos llegaron a la tierra de Genesaret, tierra que históricamente y hasta hoy día es la zona más fértil del país. Tierra llena nogales, palmeras, higueras, vides y olivos. El plan era llegar a esta fértil y rica tierra, pero los obstáculos del camino habían procurado detenerlos.

Aquella travesía contó con obstáculos, adversidades, momentos de temor, pero al final, el poder y el propósito de Dios prevaleció. Aquel lugar, Genesaret, se convirtió en un espacio de salvación, sanidad, liberación, el poder de Dios se manifestó de modo especial, pues allí el Señor Jesús realizó muchos milagros y sanidades, la salvación vino sobre sus habitantes (Mt. 14:35-36).

Genesaret, representa entonces, aquel destino de bendición y victoria que Dios nos ha preparado, aquel escenario en el que veremos poderosos milagros del Señor a nuestro favor; lugar que no dejaremos que el enemigo nos arrebate, tampoco dejaremos que nos impida llegar allí, pues Cristo va con nosotros y todo es posible con él.

Conclusión: Dios nos ha preparado grandes bendiciones, conquistas y victorias, no debemos renunciar ante los obstáculos, más bien debemos fortalecernos en el Señor y confiar en su poder, él va con nosotros y conquistaremos la bendición que él ha preparado para nuestra vida.

Introducción: Con frecuencia al surgir un problema, viene con fuerza el temor, parece que se nos olvida confiar en Dios, y se nos olvidan momentáneamente sus fieles promesas.

Debemos recordar cuantas victorias hemos logrado con él, cuantas veces nos ha librado de la muerte, y todos aquellos milagros que ha realizado a nuestro favor. Dios no cambia, él sigue siendo nuestra ayuda y fortaleza.

1) No se trata de mí, sino de Dios.

Isaías 41:10 "No temas, porque yo estoy contigo; no desmayes, porque yo soy tu Dios que te esfuerzo; siempre te ayudaré, siempre te sustentaré con la diestra de mi justicia". Biblia Reina Valera 1960.

Como podemos ver, en este versículo diez hallamos varias promesas del Señor, y fielmente él cumple cada una de ellas. A su debido tiempo ha cumplido lo que ha prometido, y en el futuro venidero cumplirá lo que falta, todo será de acuerdo a su tiempo perfecto.

Estas palabras las dio el Señor a través de su profeta Isaías a su pueblo Israel en el año setecientos antes de Cristo aproximadamente. Son también verdades para nosotros, pues somos pueblo suyo, y su palabra permanece para siempre.

Básicamente, el Señor nos dice en este versículo: "Yo estoy contigo" – "Yo te doy fuerzas" – "Siempre te ayudaré" – "Siempre te sustentaré".

Entonces, el Señor nos promete su presencia, él renovará nuestras fuerzas cuando estas se acaben, podemos estar seguros de su ayuda, y nos sustentará. Aunque los tiempos sean difíciles, Dios será nuestro proveedor y protector.

Al considerar todo este compromiso divino, y ese despliegue de su poder, amor y cuidado hacia nosotros ¿Por qué dudamos o tememos?

En circunstancias críticas, debemos volvernos a Dios con mayor fuerza que antes, debemos recordar los milagros y la fidelidad del Señor en el pasado, debemos meditar, reflexionar y estudiar las promesas de Dios en su palabra, es decir, debemos fortalecer nuestra fe.

Nuestro Dios no cambia, dice la Escritura que "en él no hay cambio ni sombra de variación", también dice que "Fiel es el que prometió" y que nada es difícil para él. Depositemos nuestro corazón y nuestra confianza en Dios; de la manera que menos pensamos y en el tiempo que nos sorprenderá, el Señor se manifestará.

2) Los enemigos de Dios y de su pueblo serán avergonzados y confundidos.

Isaías 41:11-12 "He aquí que todos los que se enojan contra ti serán avergonzados y confundidos; serán como nada y perecerán los que contienden contigo. Buscarás a los que tiene contienda contigo, y no los hallarás; serán como nada, y como cosa que no es, aquellos que te hacen la guerra". Biblia Reina Valera 1960.

Para aquella época se expandía con fuerza el imperio asirio. Esto, sin duda, generaba gran temor en el remanente fiel de Israel, pues para aquella época había también gran idolatría en medio del pueblo del Señor.

Y precisamente, por aquella idolatría, el Señor permitió que el reino del Norte fuera sometido por el ejército asirio. Pero, aunque aquel ejército odiaba a Israel, y era poderoso y temible enemigo, Dios le pediría cuentas.

Israel mismo vería como su enemigo sería humillado, e incluso perdería su buen juicio cayendo en la confusión. Por eso, en algunas ocasiones, el enemigo del pueblo de Dios terminó destruyéndose a sí mismo.

Aunque el diablo levante enemigos contra nosotros, nuestra batalla no es física ("no es contra carne ni sangre"), nuestra batalla es espiritual, y como resultado de nuestra oración y clamor, la diestra de Dios se moverá y nuestros enemigos serán reducidos a la nada.

Podemos recordar aquí, por ejemplo, a los enemigos de Daniel, profeta de Dios, a quien después de tenderle una trampa, lo hicieron lanzar al foso de los leones, y allí fue protegido por la mano del Señor, y salió ileso completamente.

Entonces, el rey mando a traer a los acusadores de Daniel, y fueron lanzados al foso con sus esposas e hijos, y antes de llegar al fondo del foso, los leones quebrantaron todos sus huesos. Ellos fueron reducidos a la nada. Dios es nuestro protector en todo tiempo.

Estamos escuchando con frecuencia la palabra "guerra" durante estos días, vemos conflictos entre pueblos y amenazas de guerras.

El mismo Señor Jesús acerca de los tiempos finales nos dio una señal evidente: "Y oiréis de guerras y rumores de guerras, pero aún no es el fin" Mateo24:6. Además dijo el

Señor: Se levantará nación contra nación, reino contra reino, habrá pestes, hambres y terremotos en diferentes lugares, todo esto será principio de dolores", Mateo 24:7-8.

Que nada nos tome por sorpresa, como todo está escrito así será; y como en aquel tiempo el Señor fortaleció a su pueblo, también nos anima hoy, no debemos temer, sino confiar, porque él ha dicho: "No temas, yo estoy contigo".

3) Dios es nuestra ayuda, escudo y fortaleza.

Isaías 41:13 "Porque yo soy Jehová tu Dios, quien te sostiene de tu mano derecha, y te dice: No temas, yo te ayudo".

Ellos miraban hacia el futuro con temor, el enemigo que venía era inmenso, violento, cruel. De hecho, Asiria sometió el reino del Norte, llamado en aquel entonces, Israel.

Pero, sabia Dios que, dentro de aquella nación, que en su mayoría le había dado la espalda a la fe, había un remanente fiel, y a ellos es dada esta palabra: "No temas, yo te ayudo".

Nunca será en vano tu fe, nunca será en vano tu servicio al Señor, nunca serán en vano tus oraciones, nunca será en vano tu fidelidad; en el tiempo de Dios vendrá la recompensa, y en el tiempo de la angustia el Dios todopoderoso será tu fortaleza. Qué bueno es saber que Dios está de nuestro lado.

Quiero destacar la frase en la que Dios nos dice que él es quien nos sostiene de la mano derecha. Pues, al imaginarnos aquella escena, podemos ver al Señor sosteniéndonos con firmeza segura; aunque venga la tormenta y aunque el enemigo venga con toda su fuerza, nada nos podrá separar del amor de Dios que es en Cristo Jesús Señor nuestro.

En varias ocasiones, la barca en la que iban los discípulos de Jesús atravesando el mar de Galilea, estuvo a punto de naufragar, pero allí llegaba Jesús para calmar los vientos contrarios y el mar embravecido.

El mismo apóstol Pablo, estuvo a punto de morir cuando la nave en la que lo llevaban a Roma naufragó, y cuando él y sus compañeros habían perdido la esperanza de salvarse, el Señor le dijo: "Pablo, no temas, es necesario que comparezcas ante Cesar".

4) Dios puede transformar la peor situación en una gran victoria.

Isaías 41:18-20 "En las alturas abriré ríos, y fuentes en medio de los valles; abriré en el desierto estanques de aguas, y manantiales de aguas en tierra seca. Daré en el desierto cedros, acacias, arrayanes y olivos… para que vean y conozcan, adviertan y entiendan todos, que la mano de Jehová hace esto, y que el Santo de Israel lo creó". Biblia Reina Valera 1960.

Este pasaje bíblico no sólo nos permite ver el poder sobrenatural del Creador, el que hace nacer una hermosa vegetación en los lugares más difíciles y menos óptimos para la vida, pero es que, al fin y al cabo, todo es posible para Dios.

También nos muestra esta porción de la Biblia, que Dios tiene el poder para cambiar completamente el escenario de nuestra vida; él puede transformar un seco desierto en un verde y refrescante oasis, o hacer brotar agua de la roca, es decir, lo que para nosotros puede ser un gran fracaso o una gran perdida, Dios la convierte o transforma en una gran victoria o en una poderosa bendición.

Entonces, no se trata de cuan duro sea nuestro camino o cuán difícil sea el escenario en el que nos encontremos, lo más importante s que Dios esté con nosotros y dirija nuestra vida, sí esto sucede, todo saldrá bien para gloria de su nombre y disfrute nuestro.

Conclusión: Es tiempo de fortalecer nuestra fe. En el caminar por esta tierra hallaremos obstáculos en el camino, y quizá oposición por parte del enemigo, pero, Dios nos ha prometido su presencia y protección.

Dios es nuestra fuerza y provisión, de manera que podemos decir: "Aunque ande en valle de sombra de muerte, no temeré mal alguno, porque tú estarás conmigo".

Tema 5: Actitudes correctas ante la dificultad.

Introducción: En una ocasión un hombre construyó un barómetro muy grande (el barómetro se usa para medir la presión del aire y prevé los cambios atmosféricos, de tal manera que el nivel de mercurio desciende cuando va a llover y asciende en caso contrario).

Una parte de ése barómetro sobresalía por encima de su casa. El índice de éste barómetro era la figura de un hombre que en buen tiempo aparecía sobre el techo y cuando venía una tormenta, se metía en la casa quedando protegido y abrigado.

Ésta figura representa a muchas personas, quienes cuando el tiempo es bueno están de pie y parecen muy valientes, pero cuando aparecen las nubes de la dificultad y se oyen los truenos, desaparecen del paisaje...

1) Debe haber una real conciencia de las adversidades.

Marcos 6:1-4 "Salió Jesús de allí y vino a su tierra, y le seguían sus discípulos. Y llegado el día de reposo, comenzó a enseñar en la sinagoga; y muchos, oyéndole, se admiraban, y decían:

¿De dónde tiene éste estas cosas? ¿Y qué sabiduría es esta que le es dada, y estos milagros que por sus manos son hechos? ¿No es éste el carpintero, hijo de María, hermano de Jacobo, de José, de Judas y de Simón? ¿No están también aquí con nosotros sus hermanas? Y se escandalizaban de él.

Mas Jesús les decía: No hay profeta sin honra sino en su propia tierra, y entre sus parientes, y en su casa". Biblia Reina Valera 1960.

a) Jesús fue menospreciado por los suyos.

Nota: Era su tierra, era su familia, ellos eran literalmente sus hermanos y no creían en lo que Dios había puesto en él, y aunque no podían negar la sabiduría y los milagros, si pudieron negarse a creer en él. Una manera de honrar a Dios es creer en él.

b) Jesús experimentó la decepción.

Nota: Él esperaba encontrar disposición, fe, corazones sensibles al mensaje; uno de los sinónimos de la palabra decepción es desilusión, que significa perder la esperanza o ilusión que se tenía y generalmente esto produce tristeza y desaliento.

c) Jesús sufrió la incredulidad de otros, Marcos 6:5-6a.

"Y no pudo hacer allí ningún milagro, salvo que sanó a unos pocos enfermos, poniendo sobre ellos las manos. Y estaba asombrado de la incredulidad de ellos". Biblia Reina Valera 1960.

Nota: "No pudo hacer allí ningún milagro", ese "no pudo" no fue el resultado de la incapacidad de Jesús porque él es Dios Todopoderoso, sino que la incredulidad de ellos impidió la obra de Dios, el texto dice que "sanó algunos pocos enfermos" y "no pudo hacer ningún milagro".

Esto nos enseña que no sólo recibieron muy poco en cuanto a la sanidad, sino que se perdieron cosas mayores como los milagros que Jesús traía (la sanidad tiene que ver con la restauración de la salud, los milagros están relacionados con hechos que asombran a los testigos).

2) Aprovecha las dificultades para crecer.

a) Ante los obstáculos la constancia debe brillar.

Marcos 6:6b "Y recorría las aldeas de alrededor, enseñando".

Nota 1: Jesús no se detuvo ante el rechazo en Nazaret, aunque las cosas no salieron bien allí él siguió adelante con su ministerio yendo a los demás lugares de alrededor.

Aunque su enseñanza no fue bien recibida en Nazaret siguió llevándola a otros lugares, Jesús no renunció siguió adelante con el propósito del Padre. Jesús llegó a Nazaret después de haber hecho muchos milagros y sanidades en Capernaúm, pero se encontró luego con la incredulidad de los suyos, pero esto no lo detuvo.

Nota 2: No confundamos orgullo con constancia, porque el orgullo conduce al hombre a la terquedad, la humildad hace al hombre dependiente de Dios, y por ende lo hace constante en la voluntad divina.

El texto nos enseña que el Señor Jesús no fue recibido en la ciudad de Nazaret y él se fue a las aldeas de alrededor (las aldeas eran extensiones de los centros urbanos).

El nombre "Nazaret" significa: reverdeciente, protectora, coronada, y desde allí no logró ver a Dios en la persona de Jesús, pero los habitantes de las aldeas recibieron lo que Jesús traía: milagros, sanidades, perdón, salvación.

b) El vencedor valora la formación de su carácter.

Nota: Ellos dijeron: "¿no es éste el carpintero?, Jesús creció y aprendió un oficio como cualquier judío, y allí en la carpintería empezó su formación.

Allí el Señor desarrolló virtudes como constancia, responsabilidad, puntualidad, diligencia, obediencia, fidelidad, respeto, vida devocional, saber esperar, etc.

3) Supera tus obstáculos alcanzando nuevos niveles.

a) Mediante sus discípulos Jesús multiplicó el ministerio.

Marcos 6:7 "Después llamó a los doce, y comenzó a enviarlos de dos en dos; y les dio autoridad sobre los espíritus inmundos". Biblia Reina Valera 1960.

Marcos 6:12-13 "Y saliendo, predicaban que los hombres se arrepintiesen. Y echaban fuera muchos demonios, y ungían con aceite a muchos enfermos, y los sanaban". Biblia Reina Valera 1960.

Nota: Jesús venía ministrando los milagros y sanidades personalmente, pero ahora delega su autoridad y poder, multiplicando así su nivel de influencia y capacidad de cumplir con el ministerio.

Al ver Lucas 9:1-2, 6, se nos dice que: "pasaban por todas las aldeas, anunciando el evangelio y sanando por todas partes", antes el ministerio estaba limitado a la persona de Jesús, pero ahora va por todas partes a través de sus discípulos.

b) La fe en la voluntad de Dios te lleva a nuevos niveles.

Nota: Jesús no fue egoísta al delegar su autoridad y poder, no se detuvo ante algunas imperfecciones de sus discípulos, creía que esa era la voluntad del Padre y que ellos eran los llamados por Dios.

Los discípulos no dudaron, sino que avanzaron creyendo en las palabras de Jesús y vieron la gloria de Dios, ministraron en niveles que nunca habían estado o soñado. Cree, avanza, Dios tiene nuevas cosas para ti.

Conclusión: El Señor Jesús enfrentó sus obstáculos con entereza y con la ayuda de su Padre, los superó, y alcanzó cosas mayores. Un vencedor persevera confiando en el poder de Dios y con la certeza de que nuevas cosas tiene el Señor para su vida.

Jesús anduvo con sus discípulos ministrando el poder de Dios, sanando, liberando, restaurando, salvando al pecador. Dispón tu corazón para Dios y él hará maravillas a través de ti.

Tema 6: Fortalece tu relación con Dios.

Introducción: Cuando Israel sale de Egipto y llega al monte Sinaí, Dios le da las instrucciones para marchar por el desierto, y dice: "La bandera del campamento de los hijos de Judá, según sus ejércitos, partió primero", Judá significa alabanza, y eso nos enseña que así se cruza el desierto.

Lamentablemente Israel hizo lo contrario: quejas, murmuraciones, rebeliones; el desierto era sólo una parte necesaria del camino, no era su destino. Los momentos de prueba y crisis en nuestra vida, no son nuestro destino, son una parte del camino, nuestro final es la perfecta voluntad de Dios.

1) Busca a Dios, aunque tu alma esté afligida.

Mateo 26:36-38 "Entonces llegó Jesús con ellos a un lugar que se llama Getsemaní, y dijo a sus discípulos: Sentaos aquí, entre tanto que voy allí y oro. Y tomando a Pedro, y a los dos hijos de Zebedeo, comenzó a entristecerse y a angustiarse en gran manera.

Entonces Jesús les dijo: Mi alma está muy triste hasta la muerte; quedaos aquí, y velad conmigo". Biblia Reina Valera 1960.

a) Es necesario pasar por Getsemaní.

Nota 1: El monte de los olivos está ubicado al nororiente de Jerusalén, muy cerca de la capital, en este monte hay un huerto especial que se llama huerto de Getsemaní, actualmente vallado y mantenido como jardín.

Su nombre significa: "prensa de aceite" o "lagar de aceite" (instrumentos con los que se obtenía el aceite de las aceitunas que eran trituradas o pisadas).

Nota 2: El huerto de Getsemaní es figura del momento en el que debemos rendir nuestra voluntad a Dios. Es un huerto muy diferente al huerto del Edén, pues en este Jesús dice: "hágase tu voluntad", y en el Edén, Adán hizo su propia voluntad.

Aquí somos probados, guardando la proporción todos tenemos que pasar por nuestro Getsemaní. Realmente Jesús venció la muerte en éste huerto, pues murió así mismo, para hacer la voluntad del Padre Celestial.

b) Jesús desde su profunda tristeza, optó por orar.

Nota 1: Al día siguiente el Señor sería crucificado, experimentaría dolores nunca antes vividos, viviría un momento de separación del Padre, y desde esa tensa y difícil situación Jesús decide orar. Ejemplo que debemos seguir.

Nota 2: Aunque iba con sus discípulos, escogió a tres de ellos para abrirles su corazón, su angustia y tristeza era profunda, y desde esta condición decidió buscar el rostro del Padre celestial (y es lo que debemos hacer).

Jonás desde el vientre del gran pez clamó a Jehová, David invocó al Señor en medio de la angustia y la persecución, Jabes desde una situación de fracaso, esterilidad y frustración, invocó al Dios de Israel y le otorgó Dios lo que le pidió.

Nota 3: A veces nuestro corazón se turba, nuestras emociones se alteran, es como si nuestro corazón viviera una tormenta, y allí debemos llamar a Jesús, quien es experto en calmar tormentas, y su paz vendrá a gobernar nuestro corazón, y nuestra perspectiva de los problemas será diferente.

2) Rinde tu voluntad a Dios.

Mateo 26:39 "Yendo un poco adelante, se postró sobre su rostro, orando y diciendo: Padre mío, si es posible, pase de mí esta copa; pero no sea como yo quiero, sino como tú".

a) Nuestra prioridad debe ser el deseo del Padre

Nota 1: En su humanidad Jesús expresa el deseo de no tener que beber la copa que el cielo le ponía delante (la cruz). El texto dice que "se postró" indicándonos su humillación y sometimiento a la voluntad del Padre: "pero no sea como yo quiero, sino como tú".

La naturaleza de Adán nos impulsa a hacer nuestra propia voluntad, pero ahora Cristo, el postrer Adán ha venido a vivir en nosotros para que hagamos Su voluntad.

Sin embargo, la mayoría de las veces preferimos nuestra propia voluntad, pues es más fácil no entrar en nuestro propio Getsemaní, porque eso implica morir a nuestros deseos, implica dolor tal vez, implica quizá oír lo que nuestros oídos no quieren escuchar.

Nota2: Por ejemplo, Sarai afligía a su sierva Agar, después de dar a luz a Ismael hijo de Abraham, así que ella huyó al desierto y el ángel del Señor le dijo:

"¿de dónde vienes tú, y a dónde vas? Y ella respondió: Huyo de delante de Sarai mi señora. Y le dijo el ángel de Jehová:

Vuélvete a tu señora, y ponte sumisa bajo su mano". No siempre Dios nos dice lo que queremos escuchar.

b) Ora hasta alcanzar el testimonio de la respuesta en tu espíritu, versículo 44.

Nota 1: El número tres en la Biblia indica: plenitud, completo, perfección en testimonio. Cuando Jesús terminó de orar la tercera vez, habló con seguridad y fortaleza acerca del momento que tenía que enfrentar, versículo 46.

Estaba seguro de la voluntad del Padre, y de sus promesas, como el Salmo 16:10 "Porque no dejarás mi alma en el Seol, ni permitirás que tu santo vea corrupción", así que estaba seguro que al tercer día el Padre lo levantaría de los muertos en poder y gloria.

Nota 2: Como Elías quien se agachó en tierra y puso su rostro entre las rodillas, siete veces (El siete ocupa un lugar eminente entre los números sagrados en las Escrituras, y está asociado con la idea de consumación, cumplimiento, y perfección), Elías lo hizo siete veces, y a la séptima vez, el cielo dio lluvia y la tierra produjo su fruto". No abandonemos la oración, hasta que alcancemos la respuesta de Dios.

c) El Padre no quitó la cruz, pero le dio la fortaleza para enfrentarla.

Nota 1: El evangelio de Lucas nos añade que "se le apareció un ángel del cielo para fortalecerle", o para "recobrar fuerzas", con su inmenso poder el Padre no anuló la cruz, sino que le envió fortaleza para vencer lo que estaba por delante.

Nota 2: Podemos recordar también lo que dice el Salmo 91: "Con él estaré yo en la angustia", así que seguro habrá momentos difíciles que vivir, pero Dios promete que estará con nosotros y veremos su salvación.

Por ejemplo, con su poder Dios pudo haber sacado a Daniel del foso de los leones, pero le permitió pasar la noche allí, protegido por el ángel del Señor, y la gloria para Dios y la honra para Daniel, vino en la mañana.

Las oraciones de éxito, no son aquellas que logran lo que queremos, en el tiempo que programamos, sino las que alcanzan respuestas que glorifican a Dios.

3) Persevera, aunque otros te fallen.

Mateo 26:40 y 43 "Vino luego a sus discípulos, y los halló durmiendo, y dijo a Pedro: ¿Así que no habéis podido velar conmigo una hora? Vino otra vez y los halló durmiendo, porque los ojos de ellos estaban cargados de sueño". Biblia Reina Valera 1960.

a) Sus discípulos lo dejaron solo.

Nota: Aún aquellos tres en quienes él confiaba de manera especial, lo dejaron sólo. Qué difícil es cuando los de casa, los tuyos no están contigo, ni te apoyan.

Por ejemplo, cuando la esposa no apoya a su esposo, o cuando al esposo le es indiferente la dificultad de su esposa, o cuando los hijos no se involucran en el sueño de sus padres, o cuando nadie se entera o se preocupa de tu crisis, o tú visión no es importante para los demás.

Eso le pasó a Jesús, esa noche el Señor tenía una prioridad (orar), ellos tenían otra: dormir. Seguramente, otros nos fallarán, y entonces ¿qué haremos? Lo mejor es buscar a Dios.

b) Cuando los discípulos le fallaron, Jesús se fue por segunda vez y oró, y luego por tercera vez se fue y oró.

Nota 1: En diferentes momentos de su vida, Jesús vivió el rechazo, la decepción, la tristeza, y aún la traición, pero su respuesta fue la oración, fue buscar el rostro de Dios, entrar en su presencia, renovar las fuerzas en él y seguir adelante, pues aunque en la tierra te fallen, aunque los cercanos te fallen, Dios nunca te fallará.

Nota 2: El apóstol Pablo en los últimos días de su vida, vivió una experiencia similar, pues cuando escribe su última carta (2 Timoteo) le dice a su discípulo Timoteo, a su amado hijo en la fe, como él lo llama: "procura venir pronto a verme" (él mismo expresa su soledad y cómo la percibió: "En mi primera defensa nadie estuvo a mi lado, sino que todos me abandonaron").

También le dice: "cuando vengas trae la capa que dejé en Troas… y los pergaminos" y "procura venir antes del invierno", se acercaba el invierno y por eso quizá pide la capa, pero la historia no registra la visita de Timoteo, y la tradición sostiene que Timoteo no alcanzó a llegar.

Pero, así como en su primera defensa la fortaleza de Pablo fue el Señor, nuevamente Dios lo fortalecería, por eso él dijo: "pero el Señor estuvo conmigo y me fortaleció, y fui librado de la boca del león. El Señor me librará de toda obra mala y me preservará para su reino celestial".

Conclusión: Dios cumple su Palabra, y él dijo que nunca te dejará, ni te desamparará, sin importar la condición de tu alma busca a Dios, rinde tu voluntad al Señor y persevera buscando su rostro, sin importar qué suceda, él es fiel y se levantará para socorrerte y darte fuerzas, y tú verás la salvación del Señor.

Deseamos que este libro haya sido de tu agrado.
Te invitamos a visitarnos:

ESTUDIOSYSERMONES.COM

Puedes conocer todos nuestros libros aquí: LIBROS DEL PASTOR GONZALO SANABRIA.

www.ingramcontent.com/pod-product-compliance
Lightning Source LLC
Chambersburg PA
CBHW052130150726
48002CB00006B/2551